Manual da Empregabilidade

Como Procurar, Achar e Manter um Emprego Nestes Tempos Bicudos

coleção
RECURSOS
HUMANOS

LÉO SALGADO

Manual da Empregabilidade

Como Procurar, Achar e Manter um Emprego Nestes Tempos Bicudos

ABRH-NACIONAL
ASSOCIAÇÃO BRASILEIRA
DE RECURSOS HUMANOS

QUALITYMARK

Direção Editorial
SAIDUL RAHMAN MAHOMED
editor@qualitymark.com.br

Produção Editorial
EQUIPE QUALITYMARK

Capa
WILSON COTRIM

Editoração Eletrônica
UNIONTASK

CIP-Brasil. Catalogação-na-fonte
Sindicato Nacional dos Editores de Livros, RJ

S158m

Salgado, Léo

Manual da empregabilidade : como procurar, achar e manter um emprego nestes tempos bicudos / Léo Salgado. — Rio de Janeiro : Qualitymark Ed. : ABRH-Nacional, 2000

96p.. -- (Recursos Humanos)

ISBN 85-7303-259-6

1. Emprego — Procura. 2. Orientação profissional. 3. Interresse profissional. I. Título. II. Série.

00-0732

CDD 650.14

CDU 331.54

2000
IMPRESSO NO BRASIL

Qualitymark Editora Ltda.
Rua Teixeira Júnior, 441
São Cristóvão
20921-400 – Rio de Janeiro – RJ
Tel.: (0XX21) 860-8422

Fax: (0XX21) 860-8424
www.qualitymark.com.br
E-Mail: quality@qualitymark.com.br
quality@unisys.com.br
QualityPhone: 0800-263311

Dedicatória

A minha mulher Marilac, pela ajuda, força, incentivo e motivação. Aos meus pais pelo carinho e torcida, a minha irmã Lydia pela ajuda, aos amigos, parentes e colegas que tanto torceram por este sonho.

Agradecimentos

A todos os meus companheiros de trabalho, colaboradores brilhantes, membros dos excepcionais times que tive a honra de participar, aos amigos da Saad Fellipelli do Rio de Janeiro, pela força, estímulo e ajuda moral para a concretização deste sonho.

Prefácio

No decorrer de minha vida profissional, e certamente pela minha vivência na área de Recursos Humanos, fui procurado por uma quantidade de pessoas do meu relacionamento, de dentro e de fora das empresas onde trabalhei, com um propósito comum. Trocar idéias e buscar dicas que pudessem orientar um filho, um parente, um amigo na busca de uma colocação no mercado de trabalho. Quem procurar? Como preparar o *Currículum Vitae*? Como se comportar numa entrevista? Enfim, como aumentar as chances de ser bem sucedido nessa dura, e quase sempre difícil, caça ao tesouro. Nos 27 anos em que atuei na área, estimo que falei com aproximadamente 400 pessoas com focos distintos. Do estagiário ao executivo de primeira linha.

Por mais boa vontade e por mais que eu me esforçasse para transmitir tudo que julgava relevante para cada caso, confesso que sentia falta de alguma coisa escrita que pudesse ser entregue a estas pessoas, para que servisse como um guia de consulta e orientação com utilidade até mesmo para aqueles que, no momento, não estivessem com essa preocupação.

O manual do Léo veio preencher essa lacuna. É muito mais que um guia. É um depoimento construído sobre uma sólida experiência empresarial e temperado com a emoção de quem viveu. Valeu.

Luiz Carlos C. Campos

Presidente da ABRH Rio

Introdução

A decisão de escrever este livro foi tomada anos atrás, mas sua efetiva realização só foi possível no momento em que as teorias e os fatos que vou expor foram testados pessoalmente, e em mais de uma ocasião. Meu objetivo é levar até você um livro de auto-ajuda, sem a menor vergonha de intitulá-lo assim.

Na verdade, no momento em que enfrentamos uma demissão e, principalmente, no terrível dia seguinte, quando o mundo desmorona sobre nossas cabeças, a única ajuda que conseguimos absorver está dentro de nós mesmos.

Vamos iniciar nossa história antes do momento da demissão — enquanto esta idéia não passa de uma hipótese improvável, de uma realidade que só acontece com os outros e jamais conosco.

Passaremos pelo momento em que ocorre a demissão, e estudaremos as negociações que devem ser iniciadas naquele momento e os passos que se seguirão até que a recolocação seja conseguida.

Na última parte discutiremos o dia seguinte da recolocação, ou seja, o momento em que você descobre como é realmente a sua nova empresa, as dificuldades que o novo ambiente oferece e as atitudes que você deve ter no novo emprego, de forma a minimizar os efeitos negativos de surpresas desagradáveis.

Finalmente, vamos montar o círculo completo da chamada comédia (ou tragédia) corporativa, para que este livro possa tornar-se o seu livro de cabeceira — nele você poderá rever, redirecionar e planejar a sua carreira, sem o risco de ser surpreendido com a famosa frase:

> "... Meu amigo, infelizmente tenho uma péssima notícia para você... entenda, não é nada pessoal, mas recebi uma ordem de redução de quadro, e ..."

Sumário

Capítulo 1

O Antes

Geralmente acreditamos que somos superiores aos empregos que ocupamos. Achamos que nossas qualificações profissionais deveriam ser mais bem aproveitadas, com uma colocação superior àquela que temos; que sabemos fazer muito mais do que aquela posição nos exige; que nosso empregador está desperdiçando as nossas qualidades, etc., etc., etc.

Na maioria dos casos isto é realmente uma verdade — vivemos numa época em que a quantidade de pessoas procurando emprego é muito superior ao número de vagas oferecidas, com uma crescente tendência de terceirização e cooperativação. O mercado de trabalho, altamente competitivo, busca a especialização, e é muito natural que um número maior de profissionais esteja insatisfeito com o seu emprego, passe a questioná-lo e procure uma recolocação, antes de se ver na necessidade de procura pós-demissão.

Uma coisa, entretanto, é clara e verdadeira: as empresas estão reduzindo mais e mais os seus quadros e, conseqüentemente, as suas vagas, obrigando um grande número de profissionais atingidos pelo desemprego e pelas famosas reestruturações a aceitar cargos em posições com *status* e salários inferiores àqueles que vinham tendo.

As causas desta situação são bastante claras e refletem o alto nível de desemprego que vivemos, decorrente também das freqüentes reestruturações corporativas. A dura competição na disputa de uma vaga leva o profissional a aceitar posições inferiores, reduzindo suas pretensões e exigências. Muitos se vêem obrigados a isto pela falta de tempo e de dinheiro para procurar um pouco mais uma posição mais adequada às suas qualificações, ou pela extinção da função antes desempenhada — ou, ainda, pela fusão de empresas.

Outra causa bastante conhecida de todos nós é a idade. Salvo algumas exceções, os profissionais com mais de 45/50 anos são discriminados e obrigados a baixar violentamente suas pretensões para conseguir uma recolocação.

Assim, antes de questionar o seu emprego atual, é recomendável que você analise bastante aquela posição, de forma que a conclusão seja baseada em argumentos reais e lógicos.

Alguns itens do questionário investigativo de subemprego são bastante conhecidos, mas nem por isso deixam de ser importantes para que possamos chegar à conclusão final. Vamos verificar alguns destes pontos:

➡ Seu salário é menor do que o de profissionais com o mesmo cargo e função, no mercado de trabalho em que sua empresa atua?

- ➡ Você pode utilizar suas melhores habilidades individuais no desempenho de suas funções?
- ➡ Há possibilidade de crescimento profissional para você nos próximos 3 a 4 anos?
- ➡ A empresa em que você trabalha atualmente tem imagem pouco recomendável no mercado?
- ➡ Você precisa estar constantemente aprendendo coisas novas e encarando novos desafios para se sentir bem, e a sua empresa não lhe dá esta oportunidade?

Se você teve uma resposta que considere negativa em qualquer uma das 5 indagações anteriores, você não está feliz no seu emprego — e esta é a chave de tudo. Por esta razão você deve tentar modificar esta situação o mais rápido possível: o mercado o vê do exato tamanho do seu emprego; para o mercado, você nunca é maior do que o seu emprego, você tem a exata dimensão dele.

Após aceitar uma colocação inferior, é quase impossível conseguir uma recolocação do seu tamanho, seja do ponto de vista do *status* ou financeiramente falando.

Existem algumas soluções práticas para este tipo de situação, mas recomendamos que você só aceite uma colocação inferior em casos extremos, e na certeza de que é por um pequeno lapso de tempo. Vamos examinar o que você deve fazer neste caso:

- ➡ Procurar uma recolocação através de uma empresa que possa atuar enquanto você continua a exercer a sua função.
- ➡ Procurar efetivamente uma recolocação, pessoalmente através de algumas ações que iremos relatar mais adiante.

➡ Procurar uma recolocação em seu próprio local de trabalho, através de um ataque planejado de recolocação interna.

As alternativas 1 e 2 são geralmente as mais comuns, com as dificuldades naturais de cada uma (custo, no caso da primeira; dificuldades naturais e maior lapso de tempo, na segunda hipótese). A alternativa 3 é bastante válida e pouco explorada, com forte tendência de ser bem-sucedida, caso a sua empresa seja boa e tenha oportunidades a serem garimpadas e exploradas.

Se você se decidir por esta opção, coloque seu marketing pessoal em ação: faça as suas idéias chegarem aos ouvidos das pessoas certas; candidate-se a funções abertas que melhor se coadunem com seu perfil profissional; prepare um portfólio de realizações e venda internamente esta imagem.

Existe ainda uma outra forma de conseguir a libertação do subemprego, que é a prática paralela de serviços extras de consultoria na sua área de conhecimento. Ou seja, comece a ser conhecido pelo mercado através de serviços terceirizados ou cooperados de consultoria, que podem lhe dar um forte senso de satisfação pessoal, suplantando a insatisfação latente de sua atual colocação.

De qualquer forma é importante ainda refletir sobre a situação do mercado. O alto grau de competitividade talvez recomende que você permaneça onde está — procure então fazer o seu trabalho de forma cada vez melhor. Prepare-se para o mercado aproveitando o seu tempo livre para se recapacitar e se atualizar para as novas e inúmeras excelências que o mercado de hoje exige. Principalmente, não deixe a peteca cair — mesmo subempregado você pode estar na mira do desemprego, o que, convenhamos, é muito pior do que o seu *status* atual.

Na verdade, a partir do momento em que não nos sentimos felizes em nossa colocação, temos uma forte tendência de relaxamento no exercício de nossa (subalterna) responsabilidade.

O risco natural desta atitude é o de não conseguirmos atuar com a eficiência e eficácia necessárias, gerando, em conseqüência, desagradáveis surpresas futuras. Além de determinar sua desempregabilidade, isto com certeza causará danos bastante fortes em sua auto-estima.

A chave de tudo é a automotivação — é através dela que você poderá atuar com alto grau de eficiência e eficácia. Além de ajudá-lo a garantir sua atual colocação, ela poderá abrir os caminhos para futuros vôos mais condizentes com seus conhecimentos, habilidades e experiências.

Note-se ainda que existe um outro fato que interfere de forma substancial na sua produtividade, quando se faz presente o fantasma do subemprego. A ele chamamos de atitudes negativas, que acabam por nos retirar o que chamo de "felicidade" corporativa.

As atitudes negativas são, em última análise, a conseqüência de um baixo nível de auto-estima. Todos aqueles que se encontram neste estado de ânimo não se esforçam em desempenhar bem seu trabalho. Acreditam que suas tarefas são inferiores ao seu nível, ou então temem não ter capacidade de realizá-las.

Na realidade, as atitudes negativas têm o poder de contaminar rapidamente um ambiente corporativo, podendo corroer de forma quase definitiva o tecido social da empresa, levando-a a riscos de sobrevivência bastante sérios e quase que irremediáveis.

O baixo nível de auto-estima leva a resistências fenomenais aos processos de mudança que poderiam salvar a empresa e, conseqüentemente, todos os empregos gerados por ela.

Geralmente a solução encontrada é uma profunda modificação nos processos de gestão, com uma reestruturação organizacional cirúrgica, em que apenas os funcionários com auto-estima elevada e com indícios de "felicidade" corporativa conseguem se salvar.

Pelo que se pode depreender, é fundamental o exercício da automotivação, para que seja possível viver a "felicidade" corporativa, com bons índices de auto-estima e a conseqüente alta performance, independentemente da classificação que você dá para seu atual emprego.

Lembre-se, entretanto, que os exercícios de automotivação deverão enfocar sempre suas realizações, seus projetos, suas idéias. Ou seja: exercite cada vez mais a sua auto-estima e cuide-se, seja no que diz respeito à ampliação de seus conhecimentos, com cursos de reciclagem, pós-graduações, cursos livres ou seqüenciais, seja no que diz respeito ao seu corpo. Lute contra o sedentarismo, freqüente uma academia ou um clube — nestes locais, muitas vezes, você realiza contatos importantes que podem levá-lo a uma recolocação antes do que você imagina.

Mantenha atitudes positivas e de alta performance sempre que se referir a assuntos da sua atual empresa e do seu cargo em reuniões sociais, coquetéis, festas, seminários e congressos. Muitas vezes existe um ouvinte (perto ou longe) que poderá ser decisivo em uma futura recolocação — e ele, com certeza, não irá contratar um novo colaborador que demonstra insatisfação com seu atual emprego e sua empresa em público, mas terá prazer em contratar um novo funcionário que demonstre auto-estima e total integração com o negócio da empresa a que serve.

CAPÍTULO 2

A Hora "H"

Todo mundo que ocupa um cargo de comando já se deparou algum dia com a difícil tarefa de ter de demitir alguém. Muitas vezes você é comunicado da decisão de redução de quadro — tomada na cúpula da empresa —, mas sobra para você viver o papel de carrasco.

Em contrapartida, algumas vezes você viveu o papel da vítima, e não do carrasco. Ou seja, passa do papel de porta-voz do desligamento para o de portador do "bilhete azul".

Em razão desta possível e sempre presente dualidade de papéis, vamos iniciar este capítulo com algumas dicas que você deve observar quando estiver demitindo algum funcionário, e prosseguiremos com as ações que você deve empreender quando é o pólo passivo do assunto.

Inicialmente é bom que você esteja preparado para agir como o elemento que demite, uma vez que o ato de demitir alguém pode ser considerado um dos mais dolorosos que um profissional necessita realizar. A carga de sofrimento imposta ao demitido tem cores de um verdadeiro desastre humano.

Para o ser humano, a perda do emprego consiste na pior notícia que pode receber — ela representa simultaneamente a perda da estabilidade que ele acreditava ter, uma tremenda frustração pessoal e profissional, uma enorme ferida na sua auto-estima e, principalmente, um duro golpe no seu orgulho.

As reações são as mais diversas possíveis, e podem variar de uma grande depressão até a agressividade e a violência.

Assim, quando você estiver diante da necessidade inevitável de demitir um profissional, deve procurar formas que consigam tornar este momento o menos traumático possível, lutando inclusive por pacotes demissionais, que um dia ainda poderão ser úteis a você mesmo.

Negocie com a direção de sua empresa a possibilidade de utilizar, nesta hora, todos os recursos materiais que possam estar disponíveis para anestesiar o choque da demissão.

Existem algumas ações que passaram a ser muito utilizadas por inúmeras empresas e que se resumem a auxílio de recolocação (dependendo do cargo e função), entre as quais podemos destacar:

- Ajuda para recolocação através do RH (manual, confecção de currículo e sua distribuição para as consultorias parceiras daquela empresa, até a contratação de uma empresa especializada em *Outplacement*).

- Um valor adicional na indenização (acréscimo de 1/2 salário por ano de empresa ou um valor prefixado por tipo de cargo e/ou função, etc.).
- Garantia do plano de saúde por mais 2 a 6 meses.
- Prorrogação do auxílio-alimentação por mais 1 ou 2 meses, etc.

Estes benefícios, geralmente, não chegam a onerar muito o custo da demissão, mas servem para quebrar um pouco a dramaticidade do momento.

Entretanto, caso a sua empresa não esteja disposta a utilizar estas práticas, ou ainda que para aquele caso em particular não seja aprovada qualquer destas ações, você deve se preparar ao máximo para ser o porta-voz do apocalipse, limitando ao máximo a extensão do trauma e lembrando-se que será impossível transformar um ato de demissão em uma coisa boa.

Limite-se então a dizer honestamente, e com calma, o que está acontecendo e quais são os motivos — e que todos têm que estar preparados para esta hora, inclusive você.

A seguir, transmitimos algumas dicas colhidas em anos de experiência prática. Note que estas dicas não têm a presunção de esgotar o assunto. Esperamos que elas possam ajudá-lo em sua preparação interior para atuar neste momento. Vejamos:

- Saiba claramente os motivos da demissão.
- Evite realizar demissões às sextas e segundas-feiras, pois são os piores dias para este tipo de ação.

- ➡ Evite efetivar uma demissão no retorno de férias e no final do expediente (prefira a parte da manhã).
- ➡ Convoque o demitido para uma reunião privada, que deverá durar no máximo 10 minutos.
- ➡ Prepare-se para administrar a reação emocional do demitido. Caso ele se torne muito irritado, diga que compreende suas razões, apresente o pacote de benefícios (caso eles existam), marque uma nova reunião e peça que ele reflita, ou seja, não prolongue o motivo da irritação.
- ➡ Caso ele fique deprimido, procure animá-lo, dizendo que com certeza logo encontrará uma recolocação, ressaltando os pontos fortes de seu perfil profissional e pessoal (você estará falando de algo que ele conhece bem).
- ➡ Saiba exatamente todos os cálculos e valores envolvidos na rescisão, para informá-lo claramente sobre os direitos a serem recebidos.
- ➡ Não esqueça de solicitar que ele assine o documento oficial de desligamento, bem como prepare um roteiro do que ele deve fazer ao sair da reunião, ou seja, quem deve procurar, se pode ir separar o seu material naquele momento ou ir para casa e retornar em outra oportunidade, a quem deve passar os assuntos em andamento, etc.
- ➡ Esteja pronto para responder perguntas e negociar o pacote de benefícios; caso não tenha poderes, anote as solicitações que ele fizer e garanta retornar com as posições da empresa em um tempo predefinido entre vocês.
- ➡ Finalmente, seja o mais humano que puder ser. Afinal, você poderia estar no lugar dele!

Bem, mas se o caso acabou de acontecer com você, ou seja, o seu chefe acabou de chamá-lo para uma reunião e pronunciou a frase que nunca gostaríamos de ouvir...

O que fazer? Como agir? E agora?

"Eu estava pronto para demitir qualquer pessoa, só que agora é comigo, o mundo está desmoronando e caindo sobre as minhas costas. Tem o colégio das crianças... O curso de inglês... A academia... O aluguel... O condomínio... O clube... A prestação do carro novo... A conta do dentista... Aquela viagem que ainda estou pagando...". E agora?

Em primeiro lugar, desesperar jamais — lembre-se sempre que não é o fim do mundo, que não é ou não será a primeira vez nem a última, que todo mundo que tem um emprego está sujeito a isto.

Cabeça fria é fundamental. Se você precisa de um tempo para colocar os nervos no lugar e conseguir pensar claramente, peça agora este tempo, uma vez que não serão 10 ou 15 minutos que impedirão o seu atual carrasco de demiti-lo. Até por que a decisão já foi tomada e com certeza não foi por ele. Peça um tempo! Vá ao banheiro, lave o rosto, respire fundo (oxigene bem o seu cérebro, você vai precisar muito dele nos próximos 15 a 20 minutos). Lembre-se dos últimos casos ocorridos na empresa, qual foi a atitude dela, que benefícios você tem conhecimento que foram colocados à disposição dos demitidos com seu nível, posição, tempo de empresa e salário, e procure formular o que seria razoável para você; retorne à reunião.

A partir deste momento você não é mais o funcionário que está sendo demitido, procure se ver como um profissional negociando sua saída de uma empresa. Lembre de todas as ações positivas que você desenvolveu para aquela empresa e utilize estes argumentos para negociar o melhor pacote de benefícios que você conseguir.

Lembre-se que o seu interlocutor está sofrendo tanto ou mais que você e que procurará ajudá-lo a negociar este pacote, uma vez que ele mesmo poderá ser beneficiado no futuro.

Negocie indenização adicional, uma extensão do plano de saúde, o prolongamento dos benefícios que você tem hoje, ajuda na recolocação, etc.

Procure por fim tirar alguma vantagem deste momento tão difícil, mas que não representa o fim do mundo. Muito pelo contrário, em várias ocasiões representa o início de uma nova perspectiva de vida para você.

Outro fato de suma importância é que você seja ético e profissional no seu desligamento. Fale com os seus colegas mais chegados, agradeça a ajuda que eles sempre prestaram no dia-a-dia, peça que o indiquem caso tenham conhecimento de alguma posição. Tenha o mesmo procedimento com seus superiores diretos e indiretos e seja profissional acima de qualquer coisa: lembre-se de nunca fechar portas que você pode precisar cruzar novamente no futuro.

Em casa, não esconda o fato de ninguém, reúna sua família, comunique o que ocorreu e lute contra a tendência natural do isolamento.

Saiba que está comprovado por psicólogos que é o isolamento que leva o ser humano a se desestruturar psicologicamente. Deve-se buscar apoio nos amigos, nos parentes, na família e em atividades sociais, domésticas ou na comunidade.

Se você é casado, deve evitar que a demissão gere uma crise em seu casamento. Uma sólida parceria ajuda a restabelecer o lado prático e emocional da família.

Você deve participar ativa e intensamente da vida da casa e dos filhos. As tarefas domésticas podem funcionar como um escape saudável. Lavar roupa, ajudar na cozinha, cuidar das crianças, investir num curso de reciclagem, tudo isso pode levá-lo a descobertas sensacionais como, por exemplo, o retorno de uma afetividade que andava recolhida no seu íntimo.

Nestes momentos a esposa e os filhos representam um suporte psicológico fundamental para o equilíbrio da família. É muito importante que você não tenha cobranças em casa e que não lhe reforcem a condição de desempregado com atitudes de piedade e comiseração. Entretanto, lembre-se: o principal responsável por estas atitudes é você mesmo. Fuja da tentação de se auto-rotular como desempregado, fracassado, etc. A autopiedade e a autocomiseração são os piores venenos que a sua alma poderia ter neste momento.

Existem algumas regrinhas que podem ajudá-lo a enfrentar o fantasma do desemprego. Vamos examiná-las a seguir.

Procure fugir da instabilidade emocional, uma vez que ela atinge toda a família e poderá transformar sua vida num caos. São sinais de instabilidade a angústia, a ansiedade, a insônia, a depressão e a irritabilidade. Toda a família deve estar atenta, ajudando-o a combater estes sinais. O apoio familiar neste caso é fundamental para mantê-lo centrado e focado na procura de sua recolocação.

O tripé básico da estabilidade doméstica deve ser reforçado, para que, na falta de um dos pilares, os outros dois consigam manter o equilíbrio familiar. Este tripé é formado pelo companheirismo, projeto de vida em comum e pela vida sexual do casal.

O corte das despesas supérfluas é uma medida fundamental e prática. Procure bolsa de estudos nos colégios, ressalte a necessidade de colaboração geral nas tarefas domésticas, etc.

A redução dos recursos financeiros gera maior parcela de tempo de convivência em comum, com a diminuição de guloseimas e pequenos prazeres que atenuam os conflitos internos. Só uma forte aliança entre todos poderá suplantar os riscos advindos do ócio coletivo.

Criatividade e força para descobrir um novo trabalho só poderão ser conseguidas dentro de um ambiente familiar coeso e de forte apoio psicológico e prático, inclusive em saídas mais criativas quando a dificuldade de recolocação tradicional chega a seu ápice (transporte, organização de festas, lazer, etc.).

Você não pode esquecer que as principais regras na hora "H" são:

➡ Não desesperar jamais.

➡ Negociar ao máximo no momento da demissão.

➡ Procurar ser o mais profissional possível na sua saída da empresa.

➡ Contar tudo a sua família (e logo).

➡ Procurar formar uma base de apoio familiar forte e decidida a lutar com você.

CAPÍTULO 3

O Depois

Bem, já aconteceu, você já foi demitido, a negociação não foi a oitava maravilha do mundo, mas o seu fôlego financeiro, com os devidos ajustes nas despesas, vai dar para suportar uns 6 a 8 meses. É hora de ir à luta e começar a batalhar a recolocação.

A partir deste momento entenda que você não é um desempregado e sim um profissional disponível para o mercado, razão pela qual deve programar o seu tempo e trabalhar por você mesmo. Lembre-se de que a sua auto-imagem reflete para o mercado o que você é.

Neste ponto cabe um rápido comentário e algumas "dicas" sobre o cuidado que você deve ter na administração do seu dinheiro (valor de rescisão, FGTS, prêmios e bônus recebidos, poupança e investimentos acumulados), uma vez que existem riscos de despesas que podem comprometer todo um planejamento de recolocação.

Abrir um restaurante, iniciar um novo negócio, quitar o apartamento financiado, comprar um carro novo, etc. são decisões que podem dar certo, como também podem dar completamente errado e comprometer todos os seus planos.

Procurar auxílio através de Orientadores Pessoais de Finanças pode ser uma grande ajuda, uma vez que você poderá ser assessorado por um profissional especializado no assunto. Note que atualmente nos EUA existem mais de 300 mil orientadores em finanças pessoais, sendo esta uma das novas profissões com grande potencial de sucesso no mundo.

Uma das empresas que já atuam no mercado brasileiro é a FOREX, que desenvolveu um programa específico para ajudar a garantir a segurança financeira no desemprego. Existem ainda outras em início de atividades, pelo que recomendo uma busca na Internet para poder localizar outras opções e conhecer melhor suas propostas.

De qualquer forma, aproveito para incluir alguns endereços na Internet de *sites* que poderão ajudá-lo na busca de uma ajuda profissional ou de informações que poderão auxiliar na administração financeira de suas reservas, que são:

www.forex.com.br

www.comoinvestir.com.br

www.financenter.com.br

www.pathfinder.com/money

www.stretcher.com

Definido o planejamento financeiro, a sua primeira providência é decidir qual será o seu caminho a partir de agora, ou seja, qual o rumo que você vai dar à sua carreira. Procurar uma recolocação tradicional é apenas um de seus possíveis caminhos, já que existem inúmeros outros bastante cotados no momento.

Alguns decidem que é chegada a hora de abrir um negócio completamente diverso de suas últimas colocações, em busca do que mais gostariam de fazer e que lhes dará prazer — por exemplo, abrir um restaurante (são inúmeras as histórias de sucesso e de fracasso).

Outros definem que chegou o momento de aproveitar toda a experiência acumulada e os conhecimentos adquiridos, e partem para um vôo-solo na área de consultoria, prestando serviços para mais de uma empresa, explorando aquilo em que são reconhecidamente bons (existem inúmeros exemplos de profissionais que passaram a prestar consultoria para a própria empresa em que trabalhavam anteriormente).

Existem ainda as possibilidades mistas, ou seja, de procurar uma recolocação tradicional e de tocar em paralelo um negócio próprio ou uma consultoria.

Para as decisões que envolvem negócio próprio o melhor caminho é o SEBRAE. Com certeza lá você encontrará as melhores informações, análises de mercado, custos, investimentos e linhas de crédito disponíveis.

As opções de consultoria devem ser precedidas de uma análise de mercado e da criação de uma carteira de clientes que possa garantir uma renda mínima para você. Na verdade, estes casos muitas vezes começam por iniciativa de seu empregador, que propõe a solução e garante o seu primeiro e mais importante cliente — ou seja, ele próprio.

Mas se a solução que você prefere está em buscar uma recolocação no mercado de trabalho tradicional, é aí que iniciamos nossa conversa. A partir de agora, acompanhe nossas dicas. Vamos à luta para encontrar uma recolocação digna e profissional, garantia de sua auto-estima e do seu orgulho, gravemente atingido no momento da demissão.

Procure atualizar-se o mais rápido possível sobre o mercado. Leia tudo o que puder obter sobre a sua área, sejam anúncios classificados de emprego, publicações especializadas, notícias em jornais, revistas, *sites* na Internet, etc. Recicle-se rapidamente e mantenha-se atualizado. Muitas vezes uma notícia de jornal pode ajudá-lo a perceber oportunidades excelentes.

Procure atualizar sua *network* — uma boa rede de conhecimentos pode ser fundamental na sua recolocação e, principalmente, no seu futuro profissional.

Defina um período do seu dia para se dedicar aos estudos e reciclagem, outro para atualizar sua *network* e outro para revisar sua trajetória profissional.

Na revisão de sua trajetória, inicie definindo qual seria o seu objetivo profissional imediato (a curto prazo), descrevendo detalhadamente cargo, função, tipo de empresa, localização. Seja realista, levando em consideração suas habilidades e conhecimentos, sem perder o foco do mercado.

Outro ponto importante é resgatar seus acertos, realizações, conquistas, experiências, etc., ou seja, recuperar informações básicas e fundamentais para a confecção de um currículo ideal. Selecione documentos, diplomas, certificados, etc. Monte um *portfolio* com as principais realizações, conquistas e projetos dos últimos 5 anos. Liste suas ocupações e cargos neste período (comece pelo último emprego); mencione datas; descreva responsabilidades, obrigações e pontos positivos de sua atuação (pense com a ótica das empresas).

Mais adiante daremos alguns exemplos de currículos que o ajudarão a preparar o que gostamos de chamar de Resumo Profissional. De qualquer forma, lembre-se que, ao citar suas principais realizações, é superimportante procurar pensar como se fosse a empresa e não o empregado.

CAPÍTULO 4

Elaboração do Currículo

É fundamental que você saiba vender seus serviços no processo de uma nova recolocação. Para isso é preciso lembrar alguns pontos que podem parecer óbvios demais, mas que devem ser sempre lembrados.

Em primeiro lugar, os profissionais são contratados por dois motivos — para preencher cargos novos ou devido a uma substituição.

As contratações geralmente ocorrem através de:

➡ Empresa de consultoria.

➡ Indicação de amigos de fora ou de dentro da empresa.

- ➡ Anúncio de jornal.
- ➡ Abordagem por carta diretamente à empresa.
- ➡ Abordagem partindo da empresa.
- ➡ Concurso público.
- ➡ Empresa de recolocação.

As principais características analisadas nas entrevistas são:

- ➡ Experiência anterior.
- ➡ Experiência com trabalho em equipe.
- ➡ Formação acadêmica.
- ➡ Resultados alcançados anteriormente.
- ➡ Boa capacidade de relacionamento.
- ➡ Estabilidade empregatícia.
- ➡ Idiomas falados fluentemente.
- ➡ Entusiasmo do candidato.
- ➡ Número de promoções anteriores.
- ➡ Estabilidade familiar.
- ➡ Idade.
- ➡ Aparência pessoal.

Portanto, sempre é bom lembrar mais uma vez que no processo de recolocação você deve tentar destacar seus talentos, experiência técnica e os resultados que alcançou, do ponto de vista da empresa.

Ao elaborar seu currículo, é importante ter em mente estes pontos. E, ao anotar suas realizações, procure descobrir o que você realmente quer fazer. Relacione os trabalhos dos quais você realmente se orgulha em sua carreira.

Para que saiba se *vender*, deve estudar a você mesmo em profundidade. Sugerimos que organize toda sua experiência de forma clara e lógica em seu currículo.

É essencial que você consiga lembrar de todos os **resultados** positivos que alcançou em seus empregos anteriores e de que forma ajudou a empresa a lucrar e progredir.

LISTA DE DADOS A SEREM ANALISADOS

Dados Pessoais

Nome

Estado civil

Nacionalidade

Data de nascimento

Nº de filhos

Formação acadêmica

Cursos de aperfeiçoamento profissional

Endereço

Telefones

E-mail

Objetivos Profissionais

Área de atuação

Disposição para mudar de cidade

Justificativa de escolha da determinada empresa

Relação de Empregos (iniciar pelo mais recente)

Datas de admissão — demissão

Empresa

Cidade

Cargo (detalhado)

Atribuições

Resultados importantes

Promoções

ELABORAÇÃO DO CURRÍCULO

A função básica de um currículo é gerar entrevistas e servir de guia para seus entrevistadores. É através dele que você se apresenta ao mercado de trabalho; portanto, é fundamental que contenha informações relevantes sobre a sua vida profissional. Não é preciso obedecer a uma forma rígida, porém ele deve ser organizado, objetivo e curto.

O objetivo do currículo é:

➡ Comunicar claramente o que você quer.

- Mostrar por que você merece o cargo pretendido.
- Destacar que você é organizado, ambicioso e que possui objetivo definido.
- Exibir somente informações positivas a seu respeito.
- Demonstrar que você contribuiu positivamente para as empresas em que trabalhou.

Como elaborar seu currículo:

Objetivo

- Seu currículo deve enfocar seu objetivo principal. Aqueles itens de sua carreira que não ajudam a justificar o foco central do currículo devem ser menos enfatizados ou não incluídos.

Tamanho

- Qualquer currículo com mais de duas páginas é considerado extenso. Deve-se tentar utilizar no máximo uma página.

Dados Pessoais

- Certifique-se de colocar nome, endereço e números de telefones no cabeçalho da primeira página.

Datas

- É importante mencionar as datas de entrada e saída de cada cargo dos seus empregos anteriores.

Promoções

- Se foi promovido, este detalhe deve ser enfatizado em seu currículo. É importante mencionar o número de promoções obtidas.

Linguagem

- Utilize o mínimo de palavras. Escreva frases curtas e evite adjetivos como "muito" e "extremamente". Inicie frases com verbo de ação — construí, reduzi, aumentei, administrei, supervisionei, etc. Evite o pronome pessoal "eu".

Português

- Antes de encaminhar seu currículo, revise-o com 2 ou 3 pessoas, pois ele não pode ter érros de ortografia, digitação ou gramática.

Papel

- Imprima seu currículo em um bom papel na cor branca (tradicional) ou em tons claros.

Lembre-se sempre que o currículo não deve ter capa.

Veja um modelo na próxima página.

MODELO DE CURRÍCULO

NOME COMPLETO

Endereço completo	Nacionalidade
CEP, Bairro, Estado	Idade
Telefones: residencial, recados ou celular	Estado civil

OBJETIVO

Área de Atuação ou Cargo Pretendido

FORMAÇÃO ACADÊMICA

Dados de sua escolaridade — nome da instituição de ensino, curso, data de conclusão e situação (completo, incompleto ou em curso).

HISTÓRICO PROFISSIONAL

Citar o nome das empresas em que trabalhou, período e cargo exercido. Geralmente deve-se começar pelo último emprego trabalhado até a primeira empresa em que você trabalhou, desde que não tenha muito tempo de experiência. O mais aceito é mencionar apenas as três últimas empresas.

CURSOS E CONHECIMENTOS

Você deve citar aqui os cursos que já fez, o nome da instituição e a carga horária. É importante você mencionar seu conhecimento em informática e outros conhecimentos que adquiriu ao longo de sua vida profissional, como, por exemplo, se é usuário da Internet.

IDIOMAS

Mencionar os idiomas que aprendeu e sua fluência.

ATIVIDADES DESENVOLVIDAS

Descrever detalhadamente em tópicos as principais atividades que desenvolveu.

Dicas Importantes

1. Não utilize currículos vendidos em banca de jornal e não os faça à mão.
2. As informações devem ser corretas e verdadeiras.
3. Não cite dados como número de identidade e CPF e também sua filiação.
4. Não cite referências pessoais.
5. Não cite sua pretensão salarial (somente se solicitado explicitamente).

Se o seu último emprego não está relacionado com aquele que pretende, comece o currículo funcional pela primeira empresa trabalhada até chegar à última.

Se houver períodos significativos de desemprego ou interrupções em seu currículo, procure não incluir datas exatas de entrada e saída de seus empregos. Mencione apenas os anos, por exemplo, 1991/1993. Porém, esteja preparado para dar informações precisas na entrevista.

Se você mudou de emprego muitas vezes e possui pouca estabilidade ao longo de sua carreira, enfatize as atividades desenvolvidas e suas principais realizações.

Existem ainda os currículos sob medida, ou seja, currículos preparados para sensibilizar uma empresa em particular.

Se este é o seu caso, lembre-se ainda mais que você deve:

➡ Escolher cuidadosamente as empresas que deseja atingir.

- Fazer uma pesquisa completa de artigos publicados sobre cada uma das empresas escolhidas.
- Tente conversar com pessoas que trabalharam nas empresas escolhidas, para conhecer a cultura, os valores e o sistema de trabalho delas.
- Procure descobrir a *home page* delas e visite-as para obter dados históricos, faturamento, mercado consumidor, perfil dos dirigentes e dos funcionários.
- Tente descobrir se elas têm jornal interno e procure conseguir alguns. Você aprenderá mais coisas sobre o dia-a-dia da empresa e de seus funcionários.
- Cruze todas as informações e ajuste-as para cada caso, utilizando seus pontos fortes para satisfazer as exigências e necessidades de cada empresa.

CAPÍTULO 5

Como Conseguir uma Entrevista

Existem inúmeras maneiras que poderão levá-lo até uma entrevista. Neste capítulo procuraremos ajudá-lo a identificar algumas delas e auxiliá-lo na maneira mais adequada de utilizá-las.

Cartas

Uma das melhores maneiras de se descobrir onde estão os empregos é remeter cartas para as empresas que poderiam interessar-se por você. É comum um profissional conseguir algumas entrevistas através delas.

O objetivo da carta é motivar o leitor a convidá-lo para uma entrevista. Logo, a redação deve ser muito bem feita.

Entre os aspectos que podem motivar o leitor a convidá-lo para uma entrevista, destacamos:

- Citação de nomes de boas empresas logo na primeira linha.
- Exposição clara do que você quer.
- Descrição somente de aspectos positivos e direcionados para o cargo pretendido.
- Enfoque na competência técnica e na obtenção de resultados.
- Detalhes críticos que podem despertar atenção e interesse.
- Envio de currículo anexo à carta.
- Solicitação de entrevista.

❑ Instruções para elaboração da carta

A primeira linha é muito importante. Ela deve prender a atenção do leitor.

Em seguida, diga a ele exatamente o que você gostaria de fazer na empresa.

Prossiga, expondo o nome das empresas em que trabalhou, caso sejam conhecidas, e sua estabilidade no emprego.

Se você tem possibilidade de mudar de cidade, a carta é uma boa oportunidade para explanar isso.

O próximo passo é inserir sua formação acadêmica e fluência em idiomas junto a seus dados pessoais. Lembre-se de colocar somente aspectos positivos. Por exemplo, se seu inglês não é fluente, não mencione.

Termine a carta solicitando ao leitor que entre em contato para uma entrevista.

E, principalmente: a carta não deve ter mais que uma página.

❑ Para quais empresas devemos enviar as cartas?

Esteja ciente de sua capacidade e avalie quem estaria interessado em você e não para quem você gostaria de trabalhar.

❑ Como obter os nomes e os endereços?

Para obter nomes e endereços você deve produzir seu próprio cadastro. Consulte Páginas Amarelas, associações e bibliotecas, por exemplo.

❑ Vantagens do envio de cartas

A escolha da opção de envio de cartas tem várias vantagens adicionais, sendo que geralmente o resultado é rápido. A maioria das entrevistas é gerada em 4 semanas em média, a partir da data de envio, podendo entretanto ter um lapso de tempo de até 5 meses da data de sua postagem nos correios.

Outra vantagem é a redução de concorrência, uma vez que não é uma seleção incentivada, ou seja, existem menos candidatos para aquela função oculta (não disponível ainda no mercado). Um ótimo candidato pode criar uma vaga não existente, apenas para que a empresa possa aproveitá-lo — não são raros os casos de posições criadas especificamente para candidatos que se apresentam.

As cartas podem ser de dois tipos: as chamadas cartas gerais (do tipo que se envia para inúmeras empresas) e as cartas específicas, dirigidas para uma única empresa.

No caso da carta geral, seu objetivo é motivar o leitor a marcar uma entrevista com o candidato, razão pela qual sua redação deve merecer uma atenção especial, muito cuidadosa.

Veja um modelo de carta na próxima página.

OPORTUNIDADES NO JORNAL

Outra grande fonte de oportunidades está nos jornais, sendo que os que possuem maior número de anúncios e ofertas para profissionais são:

- ➡ O Globo;
- ➡ Jornal do Brasil;
- ➡ O Dia;
- ➡ Extra;
- ➡ Folha Dirigida;
- ➡ Folha de São Paulo;
- ➡ Estado de São Paulo.

Se sua cidade não é Rio de Janeiro ou São Paulo, procure os jornais de evidência de sua cidade e mãos à obra.

MODELO DE CARTA

CARLOS ALBERTO SILVA
Endereço completo
CEP, Bairro, Estado
Tels.:

Rio de Janeiro, ... de . . . . de 2000

À
Empresa XYZ S/A
Rua . . . ., nº . . . . . .
CEP . . . ., bairro, Rio de Janeiro

Att.: Sr. João de Tal Ferreira
Diretor de Recursos Humanos

Prezado Sr. Ferreira,

YYYYYY S/A e XXXXX LTDA. são as empresas onde trabalhei na área de Informática. No presente momento estou interessado em explorar novas oportunidades profissionais e acredito que sua empresa poderia interessar-se pelas minhas qualificações. Meu objetivo é um cargo de Supervisor ou similar.

Em linhas gerais, minha experiência e qualificação inclui em:

2 anos como Supervisor na YYYYYY S/A.

4 anos de *trainee*, sendo promovido 2 vezes, ocupando os cargos de Analista e Programador.

Falo inglês fluentemente.

Sou pós-graduado em Análise de Sistemas pela Fundação WWWW e graduado pela Universidade ZZZZZZ.

Para maiores detalhes, estou anexando currículo para sua apreciação.

Gostaria muito de ter uma oportunidade para conversar pessoalmente.

Peço a gentileza de me telefonar.

Atenciosamente,
Carlos Alberto Silva

Empresas de Consultoria em Recrutamento e Seleção

As empresas de Consultoria em Recrutamento e Seleção também são uma grande fonte de oportunidades. Independente do meio escolhido por você, procure também a ajuda das empresas de Consultoria. A seguir apresentamos uma série de nomes e endereços de empresas que recomendamos para sua consulta.

Se, em sua negociação com seu ex-empregador, você não teve a oportunidade de contratação de uma empresa para ajudá-lo na reorientação de carreira e *outplacement*, várias das que são citadas a seguir poderão ser contatadas para esta finalidade. Uma delas atua apenas através de contratos firmados por pessoa jurídica, ou seja, somente seu ex-empregador poderá contratá-la. Aproveitamos para destacá-la das demais.

A empresa tem matriz em São Paulo e filial no Rio de Janeiro, e seus dados para contato são:

DBM — Drake Bean Morin do Brasil
Av. Rio Branco, 89 — 3º andar
Centro — Rio de Janeiro
Home page: www.dbmbrasil.com.br

Outra que merece destaque, por conhecê-la como cliente, é uma empresa que além de trabalhar diretamente com pessoas jurídicas, também aceita clientes pessoas físicas, e efetua um trabalho direcionado à reorientação de carreira, além dos serviços de *outplacement*, com escritórios no Rio de Janeiro, São Paulo e Curitiba:

Saad Fellipelli
Rua da Assembléia, 10 — Grupo 3120
Centro — Rio de Janeiro
Home page: www.saadfellipelli.com.br

Rio de Janeiro:

Afamar Assessoria em Recursos Humanos
Rua Senador Dantas, 80 — Grupo 1007
Centro — Rio de Janeiro

Agência Brasil
Av. 13 de Maio, 2206
Centro — Rio de Janeiro

Agência Guanabara
Rua do Rosário, 99 — 2º andar
Centro — Rio de Janeiro

Alliage Consultoria em RH
Av. Rio Branco, 81 — 5º e 7º andares
Centro — Rio de Janeiro

Âncora Serviços Empresariais
Rua Gonçalves Dias, 85 — 3º e 6º andares
Centro — Rio de Janeiro

Anderson Consulting do Brasil
Praia de Botafogo, 300 — 6º andar
Botafogo — Rio de Janeiro

Arthur Young Consultores
Av. Rio Branco, 128 — 17º andar
Centro — Rio de Janeiro

Atlanta Recursos Humanos
Av. Passos, 115 — Grupo 916
Centro — Rio de Janeiro

Better Recursos Humanos
Av. Rio Branco, 81 — 5º e 7º andares
Centro — Rio de Janeiro

Briefing do Brasil
Rua Alcindo Guanabara, 24 — Grupo 1114
Centro — Rio de Janeiro

Consultatec Consultoria
Rua Senador Dantas, 76 — Grupo 506
Centro — Rio de Janeiro

Coopers & Lybrand Ass. e Trein. Empresarial
Av. Rio Branco, 110 — 23º andar
Centro — Rio de Janeiro

Digomart Recursos Humanos
Av. Presidente Vargas, 590 — Grupo 1804
Centro — Rio de Janeiro

Direcional Serviços Empresariais
Av. Presidente Vargas, 446 — Grupo 1001
Centro — Rio de Janeiro

Eficience Consultoria em Recursos Humanos
Rua Teófilo Otoni, 123 — 4º andar
Centro — Rio de Janeiro

Ellenco Recursos Humanos
Rua Hermengarda, 60 — Sala 402
Méier — Rio de Janeiro

Ello Seleção de Pessoal
Av. Ernani Cardoso, 72 — Grupo 307
Cascadura — Rio de Janeiro

Extra Quadro e MKT Recursos Humanos
Av. 13 de Maio, 23/1104-5
Centro — Rio de Janeiro

Feeling Assessoria em Recursos Humanos
Rua Visconde de Inhaúma, 134 — Grupo 1317
Centro — Rio de Janeiro

Foco Recursos Humanos
Rua Primeiro de Março, 23 — Grupo 1206
Centro — Rio de Janeiro

Gero Assessoria Recursos Humanos
Rua Visconde de Inhaúma, 134 — Grupo 901
Centro — Rio de Janeiro

Gioia Consultoria
Av. Presidente Vargas, 435 — Grupo 605
Centro — Rio de Janeiro

Case Consultores — Grupo Catho
Rua General Rabelo, 36
Gávea — Rio de Janeiro

Houpe Consultoria
Rua Senador Dantas, 76 — 8º andar
Centro — Rio de Janeiro

Humanus Consultores Associados
Rua Haddock Lobo, 86 — Grupo 804
Tijuca — Rio de Janeiro

Interface Profissional Ltda.
Av. Almirante Barroso, 91 — Sala 902
Centro — Rio de Janeiro

Kadan Consultores Associados
Rua Visconde de Inhaúma, 134 — Grupo 1427
Centro — Rio de Janeiro

LTM Consultores Associados
Av. Rio Branco, 110 — 37º andar
Centro — Rio de Janeiro

Manager Assessoria
Rua Senador Dantas, 75 — Grupo 801
Centro — Rio de Janeiro

Manpower Rec. Humanos e Serviços
Av. Rio Branco, 103 — 5º andar
Centro — Rio de Janeiro

Mavis Consultoria de Pessoal
Rua do Ouvidor, 60 — Sala 305
Centro — Rio de Janeiro

Novezala Consultoria
Rua Buenos Aires, 100 — 8º andar
Centro — Rio de Janeiro

New System Executives Search
Av. N. S. de Copacabana, 897 — Sala 303
Copacabana — Rio de Janeiro

Parthenon Recursos Humanos
Rua Álvaro Alvim, 27 — 5º andar
Centro — Rio de Janeiro

People on Time
Rua Visconde de Inhaúma, 134 — Grupo 91
Centro — Rio de Janeiro

Personale Consultoria
Rua Uruguaiana, 174 — 10º andar
Centro — Rio de Janeiro

Professional News
Rua Álvaro Alvim, 31 — Sala 1301
Centro — Rio de Janeiro

Pronam Serviços Temporários
Rua do Ouvidor, 60 — Grupos 501/ 512
Centro — Rio de Janeiro

Rotation Recursos Humanos
Rua Senador Dantas, 75 — Sala 1501
Centro — Rio de Janeiro

Seleção Tradicional Consultoria
Av. Nilo Peçanha, 50 — Grupo 1316
Centro — Rio de Janeiro

Seltime
Av. Rio Branco, 103 — 9º andar
Centro — Rio de Janeiro

Seres Consultoria
Rua Alcindo Guanabara, 24 — Sala 608
Centro — Rio de Janeiro

Sigma Consultoria em Recursos Humanos
Rua Justiniano da Rocha, 441
Vila Isabel — Rio de Janeiro

Tálaton
Av. Nilo Peçanha, 151 — Sala 305
Centro — Rio de Janeiro

Touche Ross S/C Aud. Ind.
Rua do Ouvidor, 121 — 14º andar
Centro — Rio de Janeiro

Workline Recursos Humanos
Av. Presidente Vargas, 529 — 8º andar
Centro — Rio de Janeiro

WRH — Assessoria e Treinamento
Rua Álvaro Alvim, 31 — Sala 1101
Centro — Rio de Janeiro

Ws Consultoria
Rua Uruguaiana, 10 — Grupo 1912
Centro — Rio de Janeiro

Zapt Soluções
Av. Almirante Barroso, 63 — Grupo 1417
Centro — Rio de Janeiro

São Paulo:

A. H. Fuerstenthal
Rua Araújo, 70 — Cj. 63
01220-020 — São Paulo — SP

Annenberg RH Consultoria e Treinamento
Av. Brigadeiro Faria Lima, 560 — Cj. 62 — 6º andar
01452-000 — São Paulo — SP

Arthur Young, Clarkson, Gordon Cons.
Av. Presidente Juscelino Kubitschek, 1630 — Torre 1 — 5º andar.
04543-000 — São Paulo — SP

Authent Cons. Adm. e RH
Rua Estela, 515 — Cj. D52
04011-000 — São Paulo — SP

Albert Tuellers & Associados S/C
Rua da Consolação — 3367 — 10º andar — Cj. 101
01416-001 — São Paulo — SP

Brasilconsult Participação
Rua Haddock Lobo, 1327 — 1º andar
01418-000 — São Paulo — SP

Boyden do Brasil
Rua Bento Andrade, 421
04503-011 — São Paulo — SP

Bucater e Associados
Alameda Santos, 336 — 12º andar
01418-000 — São Paulo — SP

Case Consultores
Alameda Joaquim Eugênio de Lima, 180
01403-900 — São Paulo — SP

CRH Consultoria de RH
Av. Brigadeiro Faria Lima, 1034 — Cj. 131
01452-000 — São Paulo — SP

Conceito Assessoria em RH S/C
Av. São Gabriel, 495 — 2º andar
01435-000 — São Paulo — SP

Conselex Conselho e Seleção Executivos S/C
Rua Marquês de Itu, 95 — 5º andar
01223-001 — São Paulo — SP

Cotinco — Assessoria Empresarial
Rua Verbo Divino, 1468 — 2º andar — Bloco A
04719-904 — São Paulo — SP

Darci Casanova Martin S/C
Rua Peixoto Gomide, 996 — 2º andar — Cj. 230
01479-900 — São Paulo — SP

Dobroy e Associados Cons. Geren.
Rua Hungria, 574 — 7º andar — Cj. 71/72
01455-000 — São Paulo — SP

Eigenheer & Assoc. Consultoria e Recursos Humanos
Av. Indianápolis, 404
04052-000 — São Paulo — SP

Egon Zehnder Int. S/C
Av. Cidade Jardim, 400 — 21º andar
01454-902 — São Paulo — SP

Grupo Executives Assessoria em RH
Av. Brigadeiro Faria Lima, 1815 — 13º andar — Cj. 133
01451-000 — São Paulo — SP

Hoyler Consultores Associados
Rua Muniz Ferreira, 24
06700-000 — Cotia — SP

KPMG Peat Feisensons
Av. 9 de Julho, 5109 — 10º andar
01407-905 — São Paulo — SP

Kienbaum Consultores
Rua João Pimenta, 80
04360-040 — São Paulo — SP

LTM Consultores Associados
Rua Dr. Arnaldo, 1880
01255-000 — São Paulo — SP

Morris & Morgan S/C
Av. Paulista, 2444 — 10º andar — Cj. 101
01310-300 — São Paulo — SP

Osmar Benatti Ass. em RH
Av. 9 de Julho, 5017 — 11º andar — Cj. 2A
01407-200 — São Paulo — SP

Panelli Motta Cabrera & Associados
Rua do Rocio, 220
04552-000 — São Paulo — SP

Personnel Support Consultoria
Av. Brigadeiro Faria Lima, 1483 — 1º andar — Cjs. 103/104
01451-001 — São Paulo — SP

Philip, Calazans Endler Associados RH S/C
Av. Brigadeiro Faria Lima, 1541 — 10º andar — Cj. A
01451-000 — São Paulo — SP

Price Waterhouse Consultoria de Empresas
Av. Ipiranga, 324 — 10º andar — Bloco C
01046-010 — São Paulo — SP

Senso Assessoria
Av. Brigadeiro Faria Lima, 1815 — 13º andar — Cj. 203
01451-000 — São Paulo — SP

Simon Franco C. de Empresas
Av. Brigadeiro Faria Lima, 560 — 4º andar
01452-000 — São Paulo — SP

Snelling & Snelling
Rua Cel. Xavier de Toledo, 121 — 1º andar — Cj. 12
01048-100 — São Paulo — SP

Belo Horizonte:

Case Consultores/Grupo Catho
Rua Marquês de Paranaguá, 125
30350-180 — Belo Horizonte — MG

KPMG Peat Marwich
Rua Matias Cardoso, 63 — 8º andar — Santo Agostinho
30170-050 — Belo Horizonte — MG

Manager Assessoria em Recursos Humanos
Rua Fernandes Torinho, 487 — Cj. 601 — Savassi
30112-000 — Belo Horizonte — MG

Regiane & Baxter Consultoria Organizacional
Rua dos Inconfidentes, 1138 — Sala 21 — Savassi
30140-120 — Belo Horizonte — MG

Solução — Soc. de Adm. e Locação de RH
Av. Cristóvão Colombo, 654 — Funcionários
30140-150 — Belo Horizonte — MG

UPSIDE Executive Search
Rua Professor Pimenta da Veiga, 904 — Cidade Nova
31170-190 — Belo Horizonte — MG

Curitiba:

Carial Assessoria e Consultoria de RH
Praça Rui Barbosa, 555 — 2º andar
80010-030 — Curitiba — PR

Triagem Recursos Humanos
Rua Silva Jardim, 942
80230-000 — Curibita — PR

Porto Alegre:

Ecco Serviços Gerais
Rua Borges de Medeiros, 328 — Cj. 21
90020-020 — Porto Alegre — RS

Labor — Psicologia Industrial
Rua Silva Só, 262
90020-270 — Porto Alegre — RS

Recife:

Plano Consultoria e Serviços
Rua Eng.º Ubaldo Gomes de Moraes, 119 — 10º andar
50010-060 — Recife — PE

Lembre-se que os endereços citados poderão ser modificados pelas empresas, podendo ser atualizados através da ABRH — Associação Brasileira de Recursos Humanos, nos endereços e telefones constantes deste trabalho.

INTERNET

Uma outra forma de procurar atingir o objetivo da entrevista é a Internet. Através desta fórmula de abordagem, podemos alcançar diretamente as áreas de Recursos Humanos de diversas empresas e, ainda, inúmeras consultorias de Recrutamento e Seleção (várias das anteriormente citadas), e outras especializadas neste modelo de abordagem.

Antes de indicarmos alguns endereços eletrônicos, que poderão ajudá-lo na sua recolocação, vamos lembrar:

Você deverá criar um perfil profissional (baseado em tudo aquilo que você já fez, no seu inventário profissional preparado anteriormente); pesquisar na Internet empresas que poderiam estar interessadas em alguém com o seu perfil; conseguir entrar em contato com os responsáveis pela sua área de atuação e pela área de Recursos Humanos; enviar seu perfil e solicitar a possibilidade de uma entrevista.

Você poderá procurar os *sites* das empresas que lhe interessam e verificar se elas possuem formas de cadastramento *online*, geralmente apelidados de "trabalhe conosco". Cadastrar-se preenchendo um currículo *online* ou enviando o seu currículo por arquivo anexado. O inconveniente neste tipo de opção é que geralmente o seu currículo será lido por um estagiário de RH, que poderá não ter a sensibilidade para antever em seu currículo uma grande oportunidade para a empresa contratar um profissional excelente como você.

Outra forma de atuação conjuga as hipóteses 1 e 2, e inclui a distribuição de seu currículo através de uma série de endereços especializados em recolocação. Os chamados Bancos de Currículos são visitados por inúmeras empresas, diariamente, à procura de profissionais para as suas vagas em aberto.

Finalmente deve ser lembrado que o *E-mail* é a modernidade da opção carta — entretanto, não acredite que a opção carta não deva ser utilizada, uma vez que nesta guerra valem todas as armas.

A seguir listaremos alguns endereços eletrônicos que poderão ser bastante úteis na sua busca por uma recolocação:

RH OnLine

http:\\www.bhvirtual.com/rhol

O Estado de São Paulo

http:\\www.estado.com.br

Net Empregos

http:\\www.regra.com.br/netempregos

Banco de Currículos

http:\\www.domain.com.br/vitecno/curriculum

Brasil Net — Curriculuns

http:\\www.classificados.com/curric.html

Curriculum

http:\\www.curriculum.com.br

Curriex

http:\\www.curriex.com.br

CASA&VIDEO

http:\\www.casaevideo.com.br

Lojas Americanas

http:\\www.lasa.com.br

ABRH

http:\\www.abrh-rio.com.br

Empregos

http:\\www.empregos.com.br

Embratel

http:\\www.embratel.com.br

Brahma

http:\\www.brahma.com.br

Electrolux

http:\\www.electrolux.com.br

Xerox

http:\\www.xerox.com.br

Microsoft

http:\\www.microsoft.com.br

Gelre

http:\\www.gelre.com.br

Catho

http:\\www.catho.com.br

Prime Perfil

http:\\www.primeperfil.com.br

Top Services

http:\\topservices.com.br

Monster (Site dos EUA de empregos)

http:\\monster.com

Vagas

http:\\vagas.com.br

Outra forma bastante útil é utilizar-se de um dos provedores de busca da Internet e utilizar as seguintes palavras-chaves: empregos/classificados/currículos. O resultado normalmente será bastante surpreendente e você terá inúmeros *sites* para visitar e garimpar à procura de melhores oportunidades.

Lembre-se sempre de utilizar a Internet como uma ferramenta a mais para procurar novas chances, sem abandonar os meios tradicionais. Caso você deseje utilizar algumas das empresas que oferecem serviços pagos, verifique junto ao Procon de sua região se existem registros de reclamações, seus motivos e as soluções encontradas.

De qualquer forma acreditamos que você deve sempre evitar pagar para ter seu currículo divulgado pela Internet. Esta opção somente deverá ser utilizada após colher informações positivas do *site* em questão.

Associações

Uma outra forma de conseguir endereços de consultorias que podem ajudá-lo em seu processo de recolocação é procurar a ABRH

— Associação Brasileira de Recursos Humanos, organização que congrega os profissionais da área que, com absoluta certeza, poderão ajudá-lo neste processo. A seguir indicamos alguns dos endereços da ABRH, esclarecendo ainda que em contato com qualquer de suas sedes é possível conseguir o endereço e telefone da representação em seu estado.

ABRH Nacional
Rua General Jardim, 770 — 7º andar — Cj. 7D
CEP: 01223-010 — São Paulo — SP
Tel.: (0XX11) 256-0455 — Fax: (0XX11) 214-0858

ABRH Rio de Janeiro
Av. Presidente Vargas, 463 — Cj. 1101
CEP: 20071-003 — Rio de Janeiro — RJ
Tel.: (0XX21) 224-0112 — Fax: (0XX21) 224-0380

ABRH Minas Gerais
Rua Gonçalves Dias, 229 — Sala 404
CEP: 30140-090 — Belo Horizonte — MG
Tel.: (0XX31) 227-5797 — Fax: (0XX31) 223-0846

ABRH Paraná
Rua Marechal Deodoro, 235 — Cj. 408
CEP: 80020-907 — Curitiba — PR
Tel.: (0XX41) 223-7422 — Fax: (0XX41) 224-4806

ABRH São Paulo
Alameda Barros, 406
CEP: 01232-000 — São Paulo — SP
Tel./Fax.: (0XX11) 826-9100

CAPÍTULO 6

A Entrevista

Finalmente você conseguiu marcar uma entrevista e precisa se preparar bem. Vamos relacionar uma série de recomendações importantíssimas para a ocasião.

O que fazer?

No dia de sua entrevista, procure chegar pelo menos 15 minutos antes da hora marcada. Atrasos não são bem vistos em nenhum tipo de compromisso.

Sua aparência deve ser impecável. Procure vestir-se de forma discreta. Ressaltamos que a primeira impressão terá sempre um peso importante para a pessoa que vai entrevistá-lo. A discrição e o bom senso são indispensáveis neste momento.

Procure ser agradável e simpático e responda a todas as perguntas com entusiasmo.

Durante a entrevista, procure fixar seu olhar em um ponto entre os olhos do seu entrevistador, principalmente quando você estiver se vendendo. Com certeza isto poderá influenciá-lo fortemente.

Durma bem (pelo menos 8 horas) na noite anterior às entrevistas.

Clareza, objetividade e lógica são características importantes em um bom candidato. Seja objetivo em suas colocações, mas sempre transmitindo o maior número de informações em suas respostas.

O que não se deve fazer

➡ Cuidado com o que você fala na entrevista! Falar demais não representa sucesso nesse momento. Não se prenda em assuntos de pouca importância. Procure seguir uma seqüência lógica.

➡ Nunca leve sua esposa/marido ou outra pessoa com você.

➡ Não fume na entrevista.

➡ Não use óculos escuros.

➡ Jamais implore ao entrevistador que lhe dê o trabalho.

➡ Não leia a correspondência que está sobre a mesa do entrevistador.

➡ Não perca o controle.

➡ Nunca fale de coisas negativas sobre si mesmo.

Entenda que você com certeza irá fazer mais de duas entrevistas na mesma empresa antes de surgir uma possível contratação. Durante a realização destas entrevistas, você deve transmitir a melhor das impressões, de forma que possa criar um ambiente favorável para o seu objetivo.

É fundamental que você treine e se prepare para a sua entrevista. Simule com alguém e represente todos os passos dela, de forma que não ocorram falhas (ou, caso elas sejam inevitáveis, sejam bastante leves e não comprometam sua recolocação).

A preparação envolve 4 passos básicos, que são:

1. Desenvolva características de personalidade que as empresas procuram.
2. Elabore respostas (verdadeiras) para as perguntas que geralmente são feitas.
3. Desenvolva uma estratégia de perguntas a serem feitas ao entrevistador.
4. Pesquise profundamente sobre a empresa.

Note que não estamos dizendo para você preparar respostas, muito pelo contrário. Você deve aumentar seu conhecimento sobre você mesmo, melhorar sua capacidade de se expressar em palavras, exercitar sua naturalidade ao máximo e controlar os seus nervos, uma vez que tudo isto poderá ser fundamental para sua carreira.

A seguir damos alguns exemplos de perguntas utilizadas em entrevistas, de forma que você possa se preparar para respondê-las. Lembramos que não existem respostas certas ou erradas, mas sim formas de melhor responder a elas:

- Fale-me sobre você.
- O que você poderá nos oferecer caso seja contratado?
- Por que você acha que devemos contratá-lo?
- O que você já realizou?
- Quais os seus pontos fortes?
- Quais os seus pontos fracos?
- Por que você saiu (pediu demissão/foi despedido/etc.) da sua última empresa? E da penúltima? E da anterior?
- Quais os seus planos pessoais para o futuro?
- Quais os seus planos profissionais para o futuro?
- Como era o seu último chefe?

Existem características de personalidade que são sempre desejáveis pelos entrevistadores. São elas:

- Energia.
- Persistência.
- Honestidade.
- Capacidade analítica.
- Motivação.
- Responsabilidade.
- Dedicação.
- Orientação para objetivos.
- Capacidade de formar equipes.
- Liderança.

Lembre-se que a maioria dos entrevistados geralmente é passiva e não impressiona o entrevistador. Torna-se fundamental elaborar uma estratégia para causar impacto. Você deve controlar a entrevista e, desta forma, conseguir balancear as perguntas, ou seja, conseguir direcionar a entrevista de forma a que metade das perguntas seja feita pelo entrevistador e que a outra metade seja feita por você.

O objetivo é conseguir demonstrar que você é uma pessoa envolvida e entusiasta e descobrir o que o entrevistador quer encontrar em você.

Você deve desenvolver antecipadamente as perguntas a serem feitas. Podemos sugerir algumas:

➡ Quais são os objetivos básicos da empresa?

➡ Quais os resultados esperados nos próximos 6 meses?

➡ Quais os níveis de desempenho que podem ser melhorados na função a ser ocupada?

Após inúmeros anos entrevistando candidatos para as mais diversas funções, descobrimos que existem 8 regras básicas que devem ser seguidas numa entrevista. São elas:

➡ Seja sempre positivo.

➡ Nunca diga não a uma oferta de emprego na primeira entrevista — você deve evitar ao máximo um "não" até que tenha pelo menos duas ofertas de trabalho.

➡ Responda sempre pelo ponto de vista das empresas.

➡ Seja objetivo em suas respostas e colocações.

- Nunca se queixe de qualquer pessoa, inclusive ex-chefes e/ou patrões.

- Mostre credibilidade, olhe o entrevistador de frente, olhos nos olhos, transmitindo segurança, firmeza e interesse pela vaga.

- Demonstre entusiasmo com a possibilidade de trabalhar na empresa, deixando claro que você busca desafios e envolvimento no trabalho.

- Responda sempre de forma sucinta, com bastante vibração e comunicação; não seja monossilábico, ou seja, evite o simples sim ou não.

A Questão da Roupa Ideal

Em inúmeras publicações, livros, artigos de jornais e revistas, deparamo-nos com regras sobre o traje ideal a se utilizar em uma entrevista. Um dos mais votados é o famoso terno azul-marinho, camisa branca, gravata lisa e discreta, sapatos e meias pretas, cabelo bem cortado e aparado, bem barbeado, sem barriga e ligeiramente perfumado.

De acordo com inúmeros *experts*, este seria o traje básico a ser utilizado em uma entrevista — quer dizer, em ante-salas de grandes empresas de consultoria, *head hunter's* e empresas de *outplacement* deveremos encontrar uma legião de clones.

Outra questão seria a de que os barbados (inclusive este que escreve) não teriam chance de conseguir um emprego novo, bem como inúmeros outros profissionais, que por alguma razão não podem se encaixar no modelo acima, estariam irremediavelmente alijados do mercado de trabalho. Pense bem e tente lembrar de alguns profissionais de sucesso que não se enquadram no modelo descrito anteriormente e você ficará surpreso com o resultado.

Na verdade, e em primeiro lugar, seja você mesmo. Procure trajar algo o mais discreto possível para você.

Posso exemplificar com um fato ocorrido em uma de minhas recolocações, por ocasião de uma importante entrevista com o diretor responsável por Recursos Humanos de uma empresa. Naquela época eu acumulava as funções de Recursos Humanos e Operações na empresa em que trabalhava, inclusive com a responsabilidade da Gerência Geral dos bares do Estádio Mário Filho (Maracanã). As operações naquele complexo eram difíceis e desgastantes, tendo em vista a precariedade das instalações disponíveis e o tempo total da operação. Para um evento que tinha início às 21h45min, o abastecimento dos bares começava às 14h e terminava com o fechamento do almoxarifado e do caixa, por volta das 4h.

Assim, imagine-se sendo convocado para uma entrevista com o Diretor de Recursos Humanos às 17h, no dia de um evento (jogo de futebol válido pela Taça Libertadores, com o Flamengo sendo um dos participantes, ou seja, previsão de casa cheia e bom faturamento).

Que traje usar? Paletó e gravata? Nem pensar! Não é possível trabalhar naquele local nestes trajes. Minha opção foi muito simples: iniciei a operação no Maracanã e, no momento oportuno, após me refrescar e trocar a camisa, dirigi-me para a entrevista com a roupa que iria continuar a tocar a operação, ou seja, calça e camisa *jeans* e um par de tênis mais novo do que eu normalmente utilizaria naquele dia.

Minha estratégia era esclarecer ao meu entrevistador quais as minhas atividades na ocasião e informar, da maneira mais casual possível, sobre o evento que estava se desenvolvendo e quais as atividades que eu já havia exercido e ainda iria exercer até o final do dia.

Cheguei ao local da entrevista pontualmente 15 minutos antes da hora marcada. Fui encaminhado à recepção para aguardar a hora de ser atendido.

Neste momento comecei a perceber a maneira informal com que todos se vestiam na empresa — os homens, em sua maioria, usavam *jeans*.

Ao ser levado à presença do Diretor de Recursos Humanos, encontrei-o vestindo calça *jeans*, camisa e sapatos esportivos, ou seja, o traje básico da empresa. Ele mesmo chegou a comentar que eu era o primeiro candidato que não se apresentava de paletó e gravata.

Após esclarecer os motivos, minha entrevista enveredou pela exposição do que era uma operação deste porte no Maracanã, quebrando todos os formalismos normais nestas horas e fazendo com que ambos considerássemos a entrevista excelente.

Apenas para finalizar o exemplo, a empresa decidiu-se pela minha contratação, sendo que entre inúmeras razões para a escolha uma foi o informalismo. Inúmeros outros candidatos, mesmo após conhecer a empresa e sua maneira de ser, compareceram para uma segunda entrevista trajados de maneira formal.

Desta forma, minha recomendação é que, se houver possibilidade de você saber onde será a entrevista, tente descobrir qual a maneira de ser daquela empresa. Não sendo possível, seja discreto, adequando seu traje à posição pleiteada e observando os hábitos da empresa e de seu entrevistador na primeira entrevista, de forma a melhor se adequar na próxima oportunidade.

Sinais Positivos Durante a Entrevista

Existem alguns sinais que normalmente são enviados por seu entrevistador, e que demonstram que você tem grandes chances de ser o escolhido. São eles:

- O entrevistador é caloroso ao recebê-lo e já conhece bem sua experiência.
- As perguntas que ele faz a seu respeito são profundas e muitas de suas respostas são anotadas por ele.
- O entrevistador discute os problemas da empresa com você.
- Ele apresenta outros profissionais da empresa a você ou então sugere que você fale com outras pessoas naquele mesmo dia.
- Uma outra posição também é colocada e discutida com você.
- A sua entrevista ultrapassa uma hora de duração.

Lembre-se, ainda, que raramente uma oferta é feita na primeira entrevista. Assim, ao terminá-la, redija uma carta (ou um *E-mail*) ao seu entrevistador para marcar sua presença e fazê-lo lembrar de você de forma positiva. Um outro objetivo é induzir o entrevistador a chamá-lo para uma nova entrevista, caso ainda existam dúvidas quanto às suas qualidades e/ou experiência.

Esta carta de *follow-up* vai distingui-lo das outras pessoas que disputam a mesma posição. A carta não deve ser apenas de agradecimento, deve continuar vendendo as suas qualidades, conhecimentos e experiência frente às necessidades da empresa.

Aguarde por 10 dias uma resposta. Caso não ocorra, telefone para seu entrevistador e procure saber se foi tomada alguma decisão.

Nunca ligue antes de enviar esta carta e de aguardar o prazo médio de 10 dias, uma vez que isso poderá irritar o seu entrevistador e sepultar suas esperanças de conseguir aquela vaga.

CAPÍTULO 7

O Novo Emprego — A Realidade

Bem, você conseguiu a recolocação e a tarefa até que não foi tão difícil — as entrevistas foram conseguidas em curto espaço de tempo e a proposta que você aceitou foi bastante vantajosa financeiramente.

Passados poucos meses, você descobriu que o novo emprego é um verdadeiro pesadelo. Nada do que você esperava está se concretizando, o ambiente não é o que você achava que ia encontrar. E agora, por que você escolheu tão mal e o que fazer?

Vamos tentar analisar este problema através do sistema *Jack* (ou seja, em partes). Primeiramente vamos analisar onde foi cometido o erro da escolha (que é muito comum).

Com certeza a escolha da empresa baseou-se em uma das duas opções: ou foi uma proposta financeira com cifras excelentes ou então foram os planos excitantes que o seu novo chefe lhe transmitiu na entrevista.

Na verdade é muito comum que os candidatos decidam sobre a empresa com base em informações de projetos colhidas na entrevista ou por vantagens financeiras (salários, bônus, benefícios, etc.), oferecidas na ocasião.

O sonho do cargo mais alto, a imagem das empresas e projetos ambiciosos muitas vezes chegam a levar alguns profissionais a trocar de empresa.

Agora que o erro já aconteceu, o que fazer?

Bem, existem algumas dicas que podem ser fundamentais neste momento e a primeira delas é a mesma que valeu para o momento da demissão, ou seja:

Desesperar, jamais...

As outras são bem mais simples de serem absorvidas e se iniciam com um outro ensinamento aprendido enquanto você procurava se recolocar:

➡ **Não peça demissão por causa da má escolha.** Você acabou de constatar que conseguir uma recolocação desempregado é bem mais difícil do que se estivesse ocupando algum cargo.

➡ **Trabalhe com todo o seu empenho e competência.** Se a empresa não serve para você, demonstre claramente que você vale muito mais, que é o profissional competente que eles contrataram, com potencial de vôos mais altos e possibilidades excelentes de carreira.

➡ **Lembre-se ainda que nenhuma impressão adquirida com menos de seis meses de empresa pode ser considerada definitiva**, e leve em consideração quais serão as chances de conseguir iniciar um processo de mudança nos aspectos em que a nova empresa foi uma decepção para você.

➡ **Procure tomar sempre suas decisões de cabeça fria**, analisando todos os prós e contras, o mercado como um todo, suas perspectivas, seus sonhos, ideais e realidades.

➡ **Se chegar à conclusão de que aquele novo emprego é uma ilusão, você deve começar a tomar as providências para sair dele** — comece a procurar uma recolocação, de forma discreta e sem maiores alardes, uma vez que isto poderá queimá-lo no mercado.

➡ **Não responda aos anúncios de forma desenfreada**, procure apenas responder àqueles que realmente parecem ser excelentes (checando com cuidado se a empresa que o colocou não é a sua atual empregadora. Cuidado com este grande risco). Deixe o mercado saber de forma sutil de sua disponibilidade para aceitar e analisar uma proposta.

➡ **Uma forma bastante discreta de disponibilizar-se no mercado é através de consultorias especializadas em recolocação**, que fazem o trabalho para você (analise sempre com cuidado os contratos que lhe serão oferecidos, uma vez que este serviço vai lhe custar por volta de uma remuneração mensal — salário mais benefícios).

➡ **Outra forma de disponibilizar-se com discrição é através de reuniões, seminários e congressos, de suas associações de classe.** Nestas oportunidades, deixe escapar para as pessoas certas e nos momentos certos sua possível disponibilidade, enfatizando sempre que você é um profissional e que um desafio profissional é sempre algo a ser estudado.

➡ **Tenha sempre em mente a necessidade de não se queimar e sim se destacar no mercado**, uma vez que o maior vendedor de você é você mesmo — um ótimo trabalho, realizado de forma brilhante, sempre destaca o profissional, causando a cobiça das empresas e conseqüentemente os possíveis convites que surgirão, possibilitando assim uma nova escolha. Quem sabe, desta vez correta?

Mas como identificar a melhor empresa para você trabalhar?

A única fórmula que posso recomendar é a que determina que a melhor empresa para se trabalhar é aquela que melhor se adapte a você. Procure informações sobre a empresa dentro das suas aspirações e daquilo que você considera ideal em uma empresa, partindo daí para fazer a sua escolha.

Na verdade não existe fórmula universal, cada pessoa é um universo, e para cada uma haverá uma fórmula, um processo individual, mas que ao fim deverá seguir algumas linhas-mestras:

➡ Liste quais os aspectos que você acha serem fundamentais em uma empresa, sejam eles técnicos, comportamentais, pessoais ou coletivos — e a partir daí procure colher as informações sobre as empresas que estão no páreo.

➠ Com base neste levantamento defina um *ranking* e procure decidir sua recolocação, lembrando-se sempre de levar também em conta os aspectos de estabilidade financeira da empresa, salários e benefícios oferecidos, localização e estrutura organizacional.

Se você conseguir definir todos os aspectos e optar por aquela mais alta no seu *ranking* pessoal, as chances de que a escolha seja bem-feita serão enormes e com certeza sua recolocação será um sucesso total.

Conclusão

Bem, agora você já está recolocado, satisfeito com sua nova posição, e a empresa é exatamente aquilo que você esperava. Tudo está sob absoluto controle.

Você acha?

Caso sua resposta seja positiva, talvez você deva recomeçar a leitura deste livro, uma vez que não existe nada mais volátil e sujeito a chuvas e trovoadas do que um emprego.

Na verdade, estaremos sempre sujeito a humores, políticas, sistemas, lutas de poder, etc. Em pouquíssimas ocasiões nossas qualidades individuais, nosso espírito de equipe e nossa liderança serão fundamentais para garantir nossa colocação.

Naquilo que chamamos de comédia corporativa, muitas e muitas vezes o que mais importa são questões políticas, equilíbrio de forças e outras variáveis que com certeza você conhece bem.

Assim, é condição fundamental manter-se extremamente antenado com o mundo, com sua rede de conhecimentos sempre muito atualizada, em dia com as últimas novidades do mundo corporativo através da assinatura de revistas especializadas e da leitura de livros próprios, para dar a competente manutenção à sua atual colocação, e assim estar pronto para mudanças estratégicas de posições e de empresas.

Outro aspecto que sempre deve ser observado é que você tem que manter o pique e a constância positiva de suas atividades profissionais, sem entrar no perigoso terreno do "este emprego é pequeno demais para mim!", nem da perigosa mania de empurrá-lo "com a barriga".

Estas atitudes são sempre o prenúncio do desemprego, melhor dizendo do pior tipo de desemprego para a procura de uma recolocação, que é aquele em que você é dispensado de surpresa pela empresa.

Entretanto, se este fantasma acontecer, lembre-se sempre que não existe mal que sempre dure nem felicidade permanente. Tudo é passageiro, e depende principalmente de você mesmo reverter uma situação que pode parecer o fim do mundo.

Assim, mãos à obra e vamos em frente. Amanhã será sempre melhor do que hoje e a única coisa que não pode acontecer neste momento é a queda do amor próprio e o fim da auto-estima.

É no pior momento do desemprego que você deve ser o melhor profissional do mundo. Negocie ao máximo e procure tirar algum proveito da situação, mesmo que nada seja alcançado além do que é legalmente cabível. Fique certo de que você conseguiu uma grande vitória, que foi a de suplantar o terror do momento e demonstrar claramente ao seu "algoz" que você é um profissional e um ser humano maior do que o seu simples emprego.

Respire fundo, oxigene seu cérebro e lembre-se que jamais deve se desesperar nestes momentos.

Finalmente, esperamos que o conteúdo deste livro possa ajudar a todos que passaram, estejam passando ou venham a passar pela hora crítica do desemprego, e que possa auxiliar a todos os atores da chamada comédia corporativa, no seu extenuante dia-a-dia, dando-lhes subsídios na procura de uma nova colocação ou na correção de sua postura no seu emprego atual.

Anotações

Anotações

Dados Técnicos	
Formato:	16 x 23
Mancha:	12 x 19
Corpo:	12
Entrelinhamento:	16
Fonte:	Souvenir
Total de páginas:	96

Outros livros da Coleção ABRH

Remuneração e Carreira Baseadas em Competências e Habilidades – *Enio Resende*
R$ 12,00 – 100 Págs. – Formato: 16 x 23 cm.
O autor apresenta os princípios do modelo de remuneração por competências e as mudanças de paradigmas em relação a cargos, salários e carreira. Mostra os benefícios do novo método e apresenta exemplos dc novas remunerações e um modelo integrado de remuneração e carreira.

Competência e Resultados em Planejamento Estratégico de Recursos Humanos – *Mário Celso Marcondes e Silva*
R$ 10,00 – 72 Págs. – Formato: 16 x 23 cm.
O autor explica todos os aspectos envolvidos no Planejamento Estratégico de RH, mostrando que só é possível concretizar grandes idéias e resultados nas organizações quando se aprende a entender verdadeiramente as necessidades e as habilidades dos seres humanos.

Libere sua Competência – *Ana Rita de Macêdo Moura* e *Maria do Carmo Nacif de Carvalho*
R$ 25,00 – 200 Págs. – Formato: 16 x 23 cm.
A proposta das autoras é levar para as organizações idéias de crescimento e amadurecimento que são aplicáveis a uma pessoa. Elas defendem que a partir do desenvolvimento individual é possível chegar ao aprimoramento das relações interpessoais nas equipes de trabalho.

Do Chão de Fábrica à Presidência – *Ieda de Paula*
R$ 15,00 – 124 Págs. – Formato: 16 x 23 cm.
O livro reúne ensaios, contos, crônicas e casos inspirados no cotidiano das organizações e colecionados pela autora ao longo de sua trajetória, em cargos que a levaram a atuar junto ao chão de fábrica e à presidência. Os fatos auxiliarão na complexidade de uma organização.

Teletrabalho (Telework) – *Álvaro Mello*
R$ 17,00 – 140 Págs. – Formato: 16 x 23 cm.
O autor mostra que esta forma de se trabalhar pode ser uma boa opção para as empresas, por possibilitar maior competitividade e dinamismo, e para seus empregados, que ganham autonomia, desde que se observem algumas características e pressupostos básicos do teletrabalho.

Administração do Desempenho – *Inácio Stoffel*
R$ 12,00 – 96 Págs. – Formato: 16 x 23 cm.
O autor sistematiza sua experiência em consultoria e pesquisa com a Administração do Desempenho, conjugando teoria e prática numa metodologia com características próprias e diferenciadas. Com a implantação da metodologia lucram as empresas, os gerentes e os colaboradores.

R$ 12,00 – 100 Págs. – Formato: 16 x 23 cm.

R$ 10,00 – 72 Págs. – Formato: 16 x 23 cm.

R$ 25,00 – 200 Págs. – Formato: 16 x 23 cm.

R$ 15,00 – 124 Págs. – Formato: 16 x 23 cm.

R$ 17,00 – 140 Págs. – Formato: 16 x 23 cm.

Administração do Desempenho – *Jairo Siqueira*
R$ 12,00 – 90 Págs. – Formato: 16 x 23 cm.

Impresso nas oficinas da
SERMOGRAF - ARTES GRÁFICAS E EDITORA LTDA.
Rua São Sebastião, 199 - Petrópolis - RJ
Tel.: (24) 237-3769